AF234871

Impressum
Verlag: BABADADA GmbH, Nedderfeld 112 , 22529 Hamburg
Geschäftsführer / Verlagsleitung: Harald Hof
Druck: Books on Demand GmbH, In de Tarpen 42, 22848 Norderstedt

Imprint
Publisher: BABADADA GmbH, Nedderfeld 112 , 22529 Hamburg, Germany
Managing Director / Publishing direction: Harald Hof
Print: Books on Demand GmbH, In de Tarpen 42, 22848 Norderstedt

dividir
divide

186/2

pizarrón
board

aula
classroom

patio de escuela
school yard

maestro
teacher

papel
paper

escribir
write

birome
pen

escritorio
desk

regla
ruler

libro
book

alumno
pupil

mochila

satchel

caja de lápices

pencil case

lápiz

pencil

sacapuntas

pencil sharpener

goma (de borrar)

rubber

bloc de dibujo

drawing pad

dibujo

drawing

pincel

paintbrush

caja de pinturas

paint box

tijera

scissors

pegamento

glue

cuaderno de ejercicios

exercise book

tarea

homework

12

número

number

2+2

sumar

add

5-2

restar

subtract

2×2

multiplicar

multiply

calcular

calculate

A

letra

letter

ABCDEFG
HIJKLMN
OPQRSTU
VWXYZ

abecedario

alphabet

hello

palabra

word

texto

text

leer

read

tiza

chalk

lección

lesson

cuaderno de clase

register

examen

exam

certificado

certificate

uniforme escolar

school uniform

educación

education

enciclopedia

encyclopedia

universidad

university

microscopio

microscope

mapa

map

tacho (de basura)

waste-paper basket

hotel
hotel

hostel
hostel

casa de cambio
bureau de change

valija
suitcase

auto
car

idioma
language

sí / no
yes / no

Está bien
Okay

hola
hello

traductor
translator

Gracias
Thank you

¿cuánto cuesta…?

how much is…?

No entiendo

I do not understand

problema

problem

¡Buenas tardes!

Good evening!

¡Buenos días!

Good morning!

¡Buenas noches!

Good night!

adiós

bye bye

dirección

direction

equipaje

luggage

bolso

bag

mochila

backpack

invitado

guest

habitación

room

bolsa de dormir

sleeping bag

carpa

tent

información turística

tourist information

playa

beach

tarjeta de crédito

credit card

desayuno

breakfast

almuerzo

lunch

cena

dinner

pasaje

ticket

ascensor

lift

sello

stamp

frontera

border

aduana

customs

embajada

embassy

visa

visa

pasaporte

passport

avión
aeroplane

barco
ship

autobomba
fire engine

colectivo
bus

camión
truck

lancha a motor
motorboat

bicicleta
bike

auto
car

ferry	bote	moto

ferry	boat	motorbike

patrullero	auto de carreras	auto de alquiler

police car	racing car	rental car

alquiler de autos

car sharing

grúa

breakdown truck

camión de basura

refuse truck

motor

motor

nafta

fuel

estación de servicio

petrol station

señal de tránsito

traffic sign

tránsito

traffic

embotellamiento

traffic jam

estacionamiento

car park

estación de tren

train station

vías

tracks

tren

train

tranvía

tram

vagón

carriage

helicóptero

helicopter

aeropuerto

airport

torre

tower

pasajero

passenger

contenedor

container

caja de cartón

carton

carretilla

cart

canasta

basket

despegar / aterrizar

take off / land

ciudad

city

pueblo

village

centro de ciudad

city centre

casa

house

cine
cinema

publicidad
advert

farol
street lamp

CINEMA

calle
street

taxi
taxi

kiosco
snack shop

peatón
pedestrian

vereda
pavement

paso peatonal
zebra crossing

contenedor de basura
bin

cruce
crossing

semáforo
traffic lights

cabaña

hut

departamento

flat

estación de tren

train station

municipalidad

town hall

museo

museum

colegio

school

universidad

university

banco

bank

hospital

hospital

hotel

hotel

farmacia

pharmacy

oficina

office

librería

book shop

negocio

shop

florería

florist's

supermercado

supermarket

mercado

market

grandes tiendas

department store

pescadería

fishmonger's

centro comercial

shopping centre

puerto

harbour

parque
park

banco
bench

puente
bridge

escaleras
stairs

subte
underground

túnel
tunnel

parada del colectivo
bus stop

bar
bar

restaurante
restaurant

buzón
postbox

letrero
street sign

parquímetro
parking meter

zoológico
zoo

pileta
swimming pool

mezquita
mosque

ciudad - city

granja
farm

contaminación
pollution

cementerio
graveyard

iglesia
church

juegos infantiles
playground

templo
temple

paisaje
landscape

hoja
leaf

poste indicador
signpost

camino
way

pradera
meadow

piedra
stone

excursionista
hiker

árbol
tree

río
river

hierba
grass

flor
flower

valle
valley

montaña
hill

lago
lake

bosque
forest

desierto
desert

volcán
volcano

castillo
castle

arco iris
rainbow

champiñón
mushroom

palmera
palm tree

mosquito
mosquito

mosca
fly

hormiga
ant

abeja
bee

araña
spider

escarabajo

beetle

rana

frog

ardilla

squirrel

erizo

hedgehog

liebre

hare

lechuza

owl

pájaro

bird

cisne

swan

jabalí

boar

ciervo

deer

alce

moose

presa

dam

aerogenerador

wind turbine

panel solar

solar panel

clima

climate

mozo
waiter

menú
menu

silla
chair

sopa
soup

pizza
pizza

cubiertos
cutlery

mantel
tablecloth

entrada
starter

plato principal
main course

postre
dessert

bebidas
drinks

comida
food

botella
bottle

comida rápida

fast food

comida callejera

street food

tetera

teapot

azucarera

sugar bowl

porción

portion

cafetera expreso

espresso machine

sillita alta

high chair

cuenta

bill

bandeja

tray

cuchillo

knife

tenedor

fork

cuchara

spoon

cucharita

teaspoon

servilleta

serviette

vaso

glass

plato

plate

plato hondo

soup plate

plato

saucer

salsa

sauce

salero

salt pot

molinillo de pimienta

pepper mill

vinagre

vinegar

aceite

oil

especias

spices

kétchup

ketchup

mostaza

mustard

mayonesa

mayonnaise

oferta especial
special offer

FOR

cliente
customer

lácteos
dairy

fruta
fruit

changuito
trolley

carnicería
butcher´s

panadería
baker´s

pesar
weigh

verduras
vegetables

carne
meat

alimentos congelados
frozen food

fiambres

cold meat

alimentos enlatados

tinned food

detergente en polvo

washing powder

golosinas

sweets

electrodomésticos

household products

productos de limpieza

cleaning products

vendedora

salesperson

caja

till

cajero

cashier

lista de compras

shopping list

horario de atención

opening hours

billetera

wallet

tarjeta de crédito

credit card

cartera

bag

bolsa de plástico

plastic bag

agua

water

jugo

juice

leche

milk

bebida cola

coke

vino

wine

cerveza

beer

alcohol

alcohol

cacao

cocoa

té

tea

café

coffee

café expreso

espresso

cappuccino

cappuccino

banana

banana

manzana

apple

naranja

orange

melón

melon

limón

lemon

zanahoria

carrot

ajo

garlic

bambú

bamboo

cebolla

onion

champiñón

mushroom

nueces

nuts

fideos

noodles

tallarines

spaghetti

arroz

rice

ensalada

salad

papas fritas

chips

papas fritas

fried potatoes

pizza

pizza

hamburguesa

hamburger

sándwich

sandwich

churrasco

cutlet

jamón

ham

salame

salami

salchicha

sausage

pollo

chicken

asado

roast

pescado

fish

copos de avena

porridge oats

muesli

muesli

copos de maíz

cornflakes

harina

flour

medialuna

croissant

pancito

bread roll

pan

bread

tostada

toast

galletitas

biscuits

manteca

butter

cuajada

curd

torta

cake

huevo

egg

huevo frito

fried egg

queso

cheese

helado

ice cream

azúcar

sugar

miel

honey

mermelada

jam

pasta de chocolate

chocolate spread

curry

curry

granja
farmhouse

fardo de paja
straw bale

granero
barn

campo
field

caballo
horse

remolque
trailer

potrillo
foal

tractor
tractor

burro
donkey

oveja
sheep

cordero
lamb

cabra
goat

vaca
cow

ternero
calf

cerdo
pig

lechón
piglet

toro
bull

ganso

goose

pato

duck

pollo

chick

gallina

hen

gallo

cock

rata

rat

gato

cat

ratón

mouse

buey

ox

perro

dog

cucha

doghouse

manguera

garden hose

regadera

watering can

guadaña

scythe

arado

plough

hoz

sickle

azada

hoe

horquilla

pitchfork

hacha

axe

carretilla

wheelbarrow

abrevadero

trough

lechera

milk can

bolsa

sack

reja

fence

establo

stable

invernadero

greenhouse

suelo

soil

semilla

seed

fertilizador

fertilizer

cosechadora

combine harvester

cosechar

harvest

cosecha

harvest

batatas

yams

trigo

wheat

soja

soy

papa

potato

maíz

corn

semilla de colza

rapeseed

árbol frutal

fruit tree

mandioca

cassava

cereales

cereals

caño de desagüe
drainpipe

chimenea
chimney

techo
roof

ventana
window

garaje
garage

timbre
doorbell

puerta
door

tacho de basura
rubbish bin

buzón
letterbox

jardín
garden

living
living room

baño
bathroom

cocina
kitchen

dormitorio
bedroom

cuarto de los chicos
child's room

comedor
dining room

piso

floor

pared

wall

cielorraso

ceiling

sótano

cellar

sauna

sauna

balcón

balcony

terraza

terrace

pileta

pool

cortadora de pasto

lawn mower

sábana

sheet

acolchado

bedspread

cama

bed

escoba

broom

balde

bucket

interruptor

switch

emp* empapelado
wallpaper

imagen
picture

lámpara
lamp

estante
shelf

armario
cupboard

chimenea
fireplace

televisión
television

flor
flower

almohadón
cushion

florero
vase

sofá
sofa

control remoto
remote control

alfombra
carpet

cortina
curtain

mesa
table

silla
chair

mecedora
rocking chair

sillón
armchair

libro

book

frazada

blanket

decoración

decoration

leña

firewood

película

film

equipo de música

hi-fi equipment

llave

key

diario

newspaper

pintura

painting

póster

poster

radio

radio

cuaderno

notepad

aspiradora

hoover

cactus

cactus

vela

candle

heladera
fridge

microondas
microwave oven

balanza de cocina
kitchen scales

tostadora
toaster

detergente
detergent

horno
oven

freezer
freezer

tacho de basura
rubbish bin

lavaplatos
dishwasher

cocina

cooker

olla

pot

olla de hierro fundido

cast-iron pot

wok

wok / kadai

sartén

pan

pava

kettle

vaporera

steamer

bandeja de horno

baking tray

vajilla

crockery

taza

mug

bol

bowl

palitos

chopsticks

cucharón

ladle

estpátula

spatula

batidora

whisk

colador

strainer

colador

sieve

rallador

grater

mortero

mortar

parrilla

barbecue

fogata

open fire

tabla de picar

chopping board

palo de amasar

rolling pin

sacacorchos

corkscrew

lata

can

abrelatas

can opener

manopla

pot holder

pileta

sink

cepillo

brush

esponja

sponge

batidora

blender

congelador

deep freezer

mamadera

baby bottle

canilla

tap

calefacción
heating

ducha
shower

toalla
towel

cortina de ducha
shower curtain

baño de espuma
bubble bath

bañadera
bathtub

vaso
glass

lavarropas
washing machine

canilla
tap

baldosas
tiles

pelela
potty

pileta
sink

inodoro	letrina	bidé
toilet	squat toilet	bidet

mingitorio	papel higiénico	cepillo para el inodoro
urinal	toilet paper	toilet brush

cepillo de dientes

toothbrush

dentífrico

toothpaste

hilo dental

dental floss

lavar

wash

ducha de mano

handheld shower

ducha higiénica

douche

palangana

basin

cepillo para espalda

back brush

jabón

soap

gel de ducha

shower gel

shampoo

shampoo

toallita

flannel

desagüe

drain

crema

cream

desodorante

deodorant

espejo

mirror

espejito

hand mirror

maquinita de afeitar

razor

espuma de afeitar

shaving foam

aftershave

aftershave

peine

comb

cepillo

brush

secador de pelo

hair dryer

spray

hairspray

maquillaje

makeup

lápiz de labios

lipstick

esmalte para uñas

nail varnish

algodón

cotton wool

tijera para uñas

nail scissors

perfume

perfume

portacosméticos

washbag

banqueta

stool

balanza

weighing scale

bata

bathrobe

guantes de goma

rubber gloves

tampón

tampon

toallita femenina

sanitary towel

baño químico

chemical toilet

despertador
alarm clock

peluche
cuddly toy

coche de juguete
toy car

sonajero
rattle

casa de muñecas
doll's house

regalo
present

globo

balloon

cama

bed

cochecito

pram

cartas

deck of cards

rompecabezas

jigsaw

historieta

comic

piezas de lego

lego bricks

ladrillos de juguete

building blocks

figura de acción

action figure

enterito (de bebé)

babygrow

frisbee

frisbee

móvil para bebés

mobile

juego de mesa

board game

dados

dice

tren eléctrico

model train set

chupete

dummy

fiesta

party

libro de cuentos ilustrado

picture book

pelota

ball

muñeca

doll

jugar

play

arenero

sandpit

hamaca

swing

juguetes

toys

consola de videojuegos

video game console

triciclo

tricycle

osito de peluche

teddy bear

armario

wardrobe

ropa
clothing

medias

socks

medias panty

stockings

calzas

tights

bufanda
scarf

paraguas
umbrella

cinturón
belt

remera
t-shirt

zapatillas
trainers

botas
boots

pantuflas
slippers

sandalias
....
sandals

zapatos
....
shoes

botas de goma
....
rubber boots

ropa Interlor
....
underpants

corplño
....
bra

chaleco
....
vest

body

body

pantalones

trousers

jeans

jeans

pollera

skirt

blusa

blouse

camisa

shirt

pulóver

pullover

buzo

hoodie

blazer

blazer

campera

jacket

tapado

coat

piloto

raincoat

traje

costume

vestido

dress

vestido de novia

wedding dress

traje

suit

camisón

nightgown

pijama

pyjamas

sari

sari

pañuelo para cabeza

headscarf

turbante

turban

burka

burqa

caftán

kaftan

abaya

abaya

traje de baño

swimsuit

short de baño

trunks

shorts

shorts

jogging

tracksuit

delantal

apron

guantes

gloves

botón
button

anteojos
glasses

pulsera
bracelet

collar
necklace

anillo
ring

aro
earring

gorra
cap

percha
coat hanger

sombrero
hat

corbata
tie

cierre
zip

casco
helmet

tiradores
braces

uniforme escolar
school uniform

uniforme
uniform

ropa - clothing

babero
bib

chupete
dummy

pañal
nappy

servidor
server

archivero
filing cabinet

impresora
printer

papel
paper

monitor
monitor

escritorio
desk

mouse
mouse

carpeta
folder

teclado
keyboard

tacho (de basura)
waste-paper basket

silla
chair

computadora
computer

taza de café
coffee mug

calculadora
calculator

internet
internet

laptop

laptop

carta

letter

mensaje

message

celular

mobile

red

network

fotocopiadora

photocopier

software

software

teléfono

telephone

tomacorriente

plug socket

fax

fax machine

formulario

form

documento

document

comprar
buy

pagar
pay

hacer negocios
trade

dinero
money

dólar
dollar

euro
euro

yen
yen

rublo
rouble

franco suizo
Swiss franc

yuan
renminbi yuan

rupia
rupee

cajero automático
cashpoint

casa de cambio

bureau de change

oro

gold

plata

silver

petróleo

oil

energía

energy

precio

price

contrato

contract

impuesto

tax

acción

stock

trabajar

work

empleado

employee

empleador

employer

fábrica

factory

negocio

shop

economía - economy

policía
police officer

bombero
fireman

cocinero
cook

médico
doctor

piloto
pilot

jardinero

gardener

carpintero

carpenter

modista

seamstress

juez

judge

farmacéutico

chemist

actor

actor

colectivero

bus driver

taxista

taxi driver

pescador

fisherman

mucama

cleaning lady

techista

roofer

mozo

waiter

cazador

hunter

pintor

painter

panadero

baker

electricista

electrician

albañil

builder

ingeniero

engineer

carnicero

butcher

plomero

plumber

cartero

postman

soldado

soldier

arquitecto

architect

cajero

cashier

florista

florist

peluquero

hairdresser

cobrador

conductor

mecánico

mechanic

capitán

captain

dentista

dentist

científico

scientist

rabino

rabbi

imán

imam

monje

monk

sacerdote

clergyman

martillo
hammer

tenaza
pliers

destornillador
screwdriver

llave
spanner

linterna
torch

excavadora
digger

caja de herramientas
toolbox

escalera portátil
ladder

sierra
saw

clavos
nails

taladro
drill

arreglar
······················
repair

pala de jardín
······················
shovel

¡Qué bronca!
······················
Damn!

pala de plástico
······················
dustpan

tacho de pintura
······················
paint pot

tornillos
······················
screws

instrumentos musicales
musical instruments

parlante
loudspeaker

batería
drum kit

contrabajo
double bass

trompeta
trumpet

guitarra
guitar

piano
piano

violín
violin

bajo
bass

timbales
timpani

tambor
drums

teclado
keyboard

saxofón
saxophone

flauta
flute

micrófono
microphone

entrada
entrance

tigre
tiger

jaula
cage

cebra
zebra

alimento para animales
animal feed

oso panda
panda

animales
animals

elefante
elephant

canguro
kangaroo

rinoceronte
rhino

gorila
gorilla

oso
bear

camello

camel

avestruz

ostrich

león

lion

mono

monkey

flamenco

flamingo

loro

parrot

oso polar

polar bear

pingüino

penguin

tiburón

shark

pavo real

peacock

serpiente

snake

cocodrilo

crocodile

cuidador del zoológico

zookeeper

foca

seal

jaguar

jaguar

poni

pony

leopardo

leopard

hipopótamo

hippo

jirafa

giraffe

águila

eagle

jabalí

boar

pescado

fish

tortuga

turtle

morsa

walrus

zorro

fox

gacela

gazelle

fútbol americano
American football

ciclismo
cycling

tenis
tennis

básquet
basketball

natación
swimming

boxeo
boxing

hockey sobre hielo
ice hockey

fútbol
football

bádminton
badminton

atletismo
athletics

handball
handball

esquí
skiing

polo
polo

reír
laugh

saltar
jump

abrazar
hug

caminar
walk

cantar
sing

soñar
dream

rezar
pray

besar
kiss

escribir
write

dibujar
draw

mostrar
show

presionar
push

dar
give

tomar
take

tener

have

hacer

do

ser

be

estar parado

stand

correr

run

tirar

pull

tirar

throw

caer

fall

estar acostado

lie

esperar

wait

llevar

carry

estar sentado

sit

vestirse

get dressed

dormir

sleep

despertar

wake up

actividades - activities

mirar

look at

llorar

cry

acariciar

stroke

peinar

comb

hablar

talk

entender

understand

preguntar

ask

escuchar

listen

beber

drink

comer

eat

ordenar

tidy up

amar

love

cocinar

cook

manejar

drive

volar

fly

actividades - activities

navegar
sail

calcular
calculate

leer
read

aprender
learn

trabajar
work

casarse
marry

coser
sew

cepillarse los dientes
brush teeth

matar
kill

fumar
smoke

enviar
send

abuela
grandmother

abuelo
grandfather

padre
father

madre
mother

bebé
baby

hija
daughter

hijo
son

invitado

guest

tía

aunt

tío

uncle

hermano

brother

hermana

sister

frente
forehead

ojo
eye

hombro
shoulder

dedo
finger

cara
face

pera
chin

mano
hand

pecho
breast

pierna
leg

brazo
arm

bebé
baby

hombre
man

mujer
woman

nena
girl

nene
boy

cabeza
head

espalda

back

panza

belly

ombligo

belly button

dedo del pie

toe

talón

heel

hueso

bone

cadera

hip

rodilla

knee

codo

elbow

nariz

nose

cola

bottom

piel

skin

cachete

cheek

oreja

ear

labio

lip

cuerpo - body

boca

mouth

diente

tooth

lengua

tongue

cerebro

brain

corazón

heart

músculo

muscle

pulmón

lung

hígado

liver

estómago

stomach

riñones

kidneys

sexo

sex

preservativo

condom

óvulo

ovum

semen

semen

embarazo

pregnancy

menstruación

menstruation

vagina

vagina

pene

penis

ceja

eyebrow

pelo

hair

cuello

neck

hospital
hospital

ambulancia
ambulance

silla de ruedas
wheelchair

fractura
fracture

médico

doctor

sala de guardia

emergency room

enfermera

nurse

emergencia

emergency

inconsciente

unconscious

dolor

pain

lesión

injury

hemorragia

bleeding

infarto

heart attack

ACV

stroke

alergia

allergy

tos

cough

fiebre

fever

gripe

flu

diarrea

diarrhoea

dolor de cabeza

headache

cáncer

cancer

diabetes

diabetes

cirujano

surgeon

bisturí

scalpel

operación

operation

TC

CT

rayos x

x-ray

ecografía

ultrasound

barbijo

face mask

enfermedad

disease

sala de espera

waiting room

muleta

crutch

curita

plaster

venda

bandage

inyección

injection

estetoscopio

stethoscope

camilla

stretcher

termómetro

clinical thermometer

nacimiento

birth

sobrepeso

overweight

audífono

hearing aid

desinfectante

disinfectant

infección

infection

virus

virus

VIH / SIDA

HIV / AIDS

remedio

medicine

vacunación

vaccination

comprimidos

tablets

pastilla anticonceptiva

pill

llamada de emergencia

emergency call

tensiómetro

blood pressure monitor

enfermo / sano

ill / healthy

¡Ayuda!

Help!

alarma

alarm

agresión

assault

ataque

attack

peligro

danger

salida de emergencia

emergency exit

¡Fuego!

Fire!

matafuego

fire extinguisher

accidente

accident

botiquín de primeros auxilios

first-aid kit

SOS

SOS

policía

police

Europa

Europe

América del Norte

North America

América del Sur

South America

África

Africa

Asia

Asia

Australia

Australia

Atlántico

Atlantic

Pacífico

Pacific

Océano Índico

Indian Ocean

Océano Antártico

Antarctic Ocean

Océano Ártico

Arctic Ocean

polo norte

North Pole

polo sur

South Pole

Antártida

Antarctica

Tierra

Earth

tierra

land

mar

sea

isla

island

nación

nation

estado

state

esfera

clock face

manecilla de las horas

hour hand

minutero

minute hand

segundero

second hand

¿Qué hora es?

What time is it?

día

day

hora

time

ahora

now

reloj digital

digital watch

minuto

minute

hora

hour

lunes / Monday — MO
martes / Tuesday — TU
miércoles / Wednesday — W
jueves / Thursday — TH
viernes / Friday — FR
sábado / Saturday — SA
domingo / Sunday — SO

ayer
yesterday

hoy
today

mañana
tomorrow

mañana
morning

mediodía
noon

tarde
evening

MO	TU	WE	TH	FR	SA	SU
1	2	3	4	5	6	7
8	9	10	11	12	13	14
15	16	17	18	19	20	21
22	23	24	25	26	27	28
29	30	31	1	2	3	4

días hábiles
business days

MO	TU	WE	TH	FR	SA	SU
1	2	3	4	5	6	7
8	9	10	11	12	13	14
15	16	17	18	19	20	21
22	23	24	25	26	27	28
29	30	31	1	2	3	4

fin de semana
weekend

lluvia
rain

arco iris
rainbow

viento
wind

nieve
snow

primavera
spring

otoño
autumn

verano
summer

invierno
winter

pronóstico meteorológico
....
weather forecast

termómetro
....
thormometer

luz del sol
....
sunshine

nube
....
cloud

niebla
....
fog

humedad
....
humidity

rayo

lightning

trueno

thunder

tormenta

storm

granizo

hail

monzón

monsoon

inundación

flood

hielo

ice

enero

January

febrero

February

marzo

March

abril

April

mayo

May

junio

June

julio

July

agosto

August

año - year

septiembre

September

octubre

October

noviembre

November

diciembre

December

círculo

circle

cuadrado

square

rectángulo

rectangle

triángulo

triangle

esfera

sphere

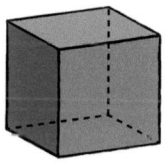

cubo

cube

colores
colours

blanco

white

amarillo

yellow

naranja

orange

rosa

pink

rojo

red

violeta

purple

azul

blue

verde

green

marrón

brown

gris

grey

negro

black

mucho / poco

a lot / a little

enojado / tranquilo

angry / calm

lindo / feo

beautiful / ugly

principio / fin

beginning / end

grande / chico

big / small

claro / oscuro

bright / dark

hermano / hermana

brother / sister

limpio / sucio

clean / dirty

completo / incompleto

complete / incomplete

día / noche

day / night

muerto / vivo

dead / alive

ancho / angosto

wide / narrow

comestible / no comestible

edible / inedible

malo / amable

evil / kind

entusiasmado / aburrido

excited / bored

gordo / flaco

fat / thin

primero / último

first / last

amigo / enemigo

friend / enemy

lleno / vacío

full / empty

duro / blando

hard / soft

pesado / liviano

heavy / light

hambre / sed

hunger / thirst

enfermo / sano

ill / healthy

ilegal / legal

illegal / legal

inteligente / estúpido

intelligent / stupid

izquierda / derecha

left / right

cerca / lejos

near / far

nuevo / usado

new / used

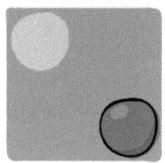

nada / algo

nothing / something

viejo / joven

old / young

encendido / apagado

on / off

abierto / cerrado

open / closed

silencioso / ruidoso

quiet / loud

rico / pobre

rich / poor

correcto / incorrecto

right / wrong

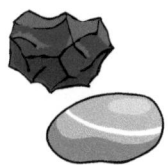

áspero / suave

rough / smooth

triste / contento

sad / happy

corto / largo

short / long

lento / rápido

slow / fast

mojado / seco

wet / dry

caliente / frío

warm / cool

guerra / paz

war / peace

opuestos - opposites

0

cero

zero

1

uno

one

2

dos

two

3

tres

three

4

cuatro

four

5

cinco

five

6

seis

six

7

siete

seven

8

ocho

eight

9

nueve

nine

10

diez

ten

11

once

eleven

12
doce
twelve

13
trece
thirteen

14
catorce
fourteen

15
quince
fifteen

16
dieciséis
sixteen

17
diecisiete
seventeen

18
dieciocho
eighteen

19
diecinueve
nineteen

20
veinte
twenty

100
cien
hundred

1.000
mil
thousand

1.000.000
millón
million

idiomas
languages

inglés

English

inglés americano

American English

chino mandarín

Chinese Mandarin

hindi

Hindi

español

Spanish

francés

French

árabe

Arabic

ruso

Russian

portugués

Portuguese

bengalí

Bengali

alemán

German

japonés

Japanese

yo

I

vos

you

él / ella

he / she / it

nosotros

we

ustedes

you

ellos

they

¿quién?

who?

¿qué?

what?

¿cómo?

how?

¿dónde?

where?

¿cuándo?

when?

nombre

name

detrás
....
behind

en
....
in

adelante de
....
in front of

por encima de
....
over

sobre
....
on

debajo de
....
under

al lado de
....
beside

entre
....
between

lugar
....
place